T0020498

Mi biblioteca de Ciencias Biológicas

# Plantas hambrientas

Lisa J. Amstutz y Alma Patricia Ramirez

Rourke™

# ANTES Y DURANTE LAS ACTIVIDADES DE LECTURA

## Antes de la lectura: *Desarrollo del conocimiento del contexto y el vocabulario*

El construir el conocimiento del contexto puede ayudar a los niños a procesar la información nueva y usar de base lo que ya saben. Antes de leer un libro, es importante utilizar lo que ya saben los niños acerca del tema. Esto los ayudará a desarrollar su vocabulario e incrementar la comprensión de la lectura.

Preguntas y actividades para desarrollar el conocimiento del contexto:

1. Ve la portada del libro y lee el título. ¿De qué crees que trata este libro?
2. ¿Qué sabes de este tema?
3. Hojea el libro y echa un vistazo a las páginas. Ve el contenido, las fotografías, los pies de foto y las palabras en negritas. ¿Estas características del texto te dan información o predicciones acerca de lo que leerás en este libro?

Vocabulario: *El vocabulario es la clave para la comprensión de la lectura*

Use las siguientes instrucciones para iniciar una conversación acerca de cada palabra.

- Lee las palabras del vocabulario.
- ¿Qué te viene a la mente cuando ves cada palabra?
- ¿Qué crees que significa cada palabra?

> **Palabras del vocabulario:**
> - *energía*
> - *minerales*
> - *presa*
> - *tubos*

## Durante la lectura: *Leer para obtener significado y entendimiento*

Para lograr la comprensión profunda de un libro, se anima a los niños a que usen estrategias de lectura detallada. Durante la lectura, es importante hacer que los niños se detengan y establezcan conexiones. Esas conexiones darán como resultado un análisis y entendimiento más profundos de un libro.

 Lectura detallada de un texto

Durante la lectura, pida a los niños que se detengan y hablen acerca de lo siguiente:

- Partes que sean confusas.
- Palabras que no conozcan.
- Conexiones texto a texto, texto a ti mismo, texto al mundo.
- La idea principal en cada capítulo o encabezado.

Anime a los niños a usar las pistas del contexto para determinar el significado de las palabras que no conozcan. Estas estrategias ayudarán a los niños a aprender a analizar el texto más minuciosamente mientras leen.

Cuando termine de leer este libro, vaya a la última página para ver una **Actividad para después de la lectura.**

# Contenido

# Las plantas también comen

Las plantas necesitan alimento para vivir y crecer.

¡Pero las plantas no pueden masticar!
Entonces, ¿Qué hacen?

# Las plantas producen alimento

¡Las plantas producen su propio alimento!

Necesitan luz, agua y aire. Obtienen **minerales** de la tierra.

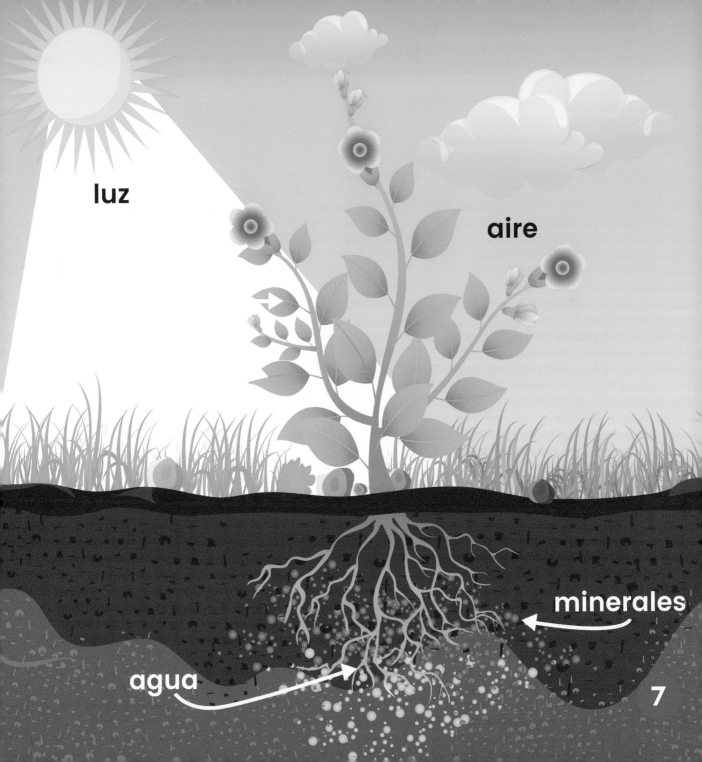

luz

aire

minerales

agua

7

Las hojas verdes atrapan la luz.
La convierten en **energía**.

¡Mira! Una hoja tiene agujeros pequeños.
El aire entra y sale.

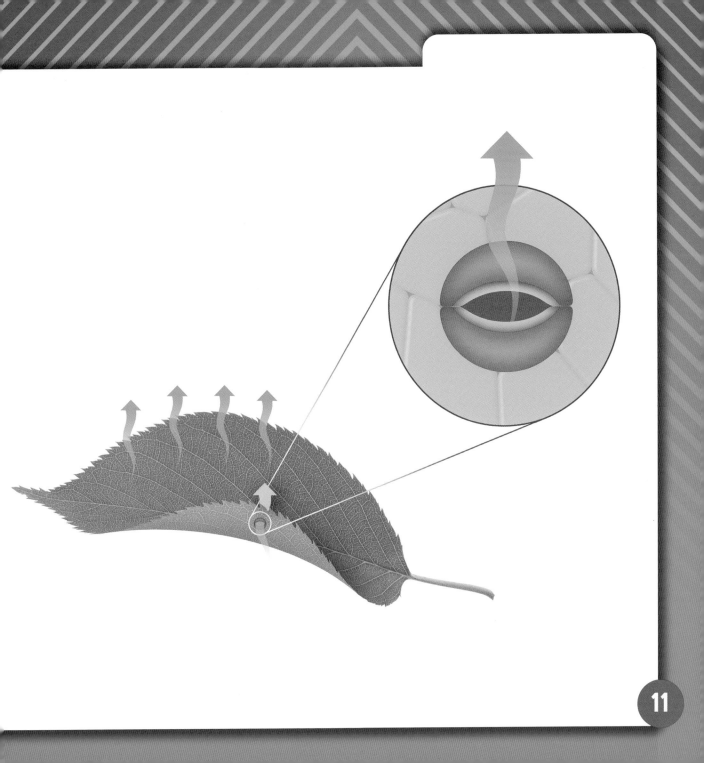

Las raíces absorben agua. ¡Sorben!

Los **tubos** la llevan a las hojas. Actúan como pajillas.

raíces

agua

El aire, el agua y la luz se mezclan.
¡Esto produce azúcar!

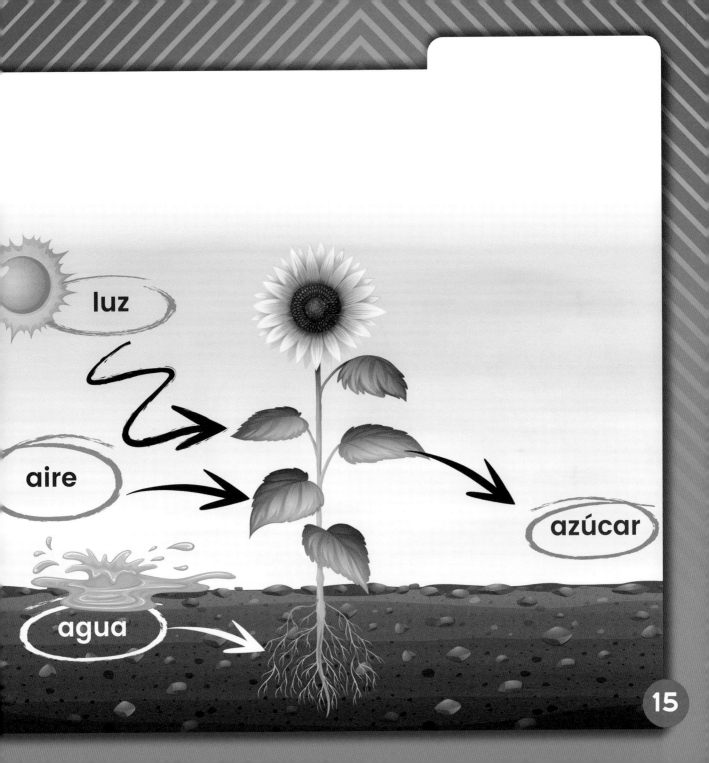

El azúcar es alimento para las plantas.

Las plantas usan el azúcar para crecer.

También almacenan un poco.

# Las plantas atrapan su comida

¡Ñam! Unas pocas plantas comen carne. Viven en suelo pobre.

planta insectívora

19

¡Zaz! Las hojas pueden formar una trampa.

dionea atrapamoscas

Otras plantas chupan a su **presa**.
¡Adiós, insecto!

utricularia

# Glosario fotográfico

**energía** (e-ner-gí-a): La fuerza necesaria para hacer trabajo.

zinc

**minerales** (mi-ne-ra-les): Sustancias sólidas que se encuentran en la Tierra, que no vienen de animales o plantas. Las plantas necesitan minerales, como el zinc, para crecer.

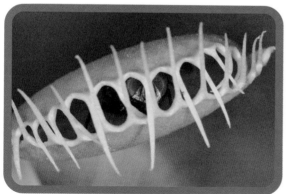

**presa** (pre-sa): Un animal al que cazan para comérselo.

tubo

**tubos** (tu-bos): Cilindros largos y huecos que llevan o retienen líquidos.

# Luz y oscuridad

¿Qué sucede si una planta no puede encontrar luz? ¡Vamos a descubrirlo!

## Materiales

dos macetas pequeñas
tierra para macetas

seis semillas de frijol
agua

## Instrucciones

1. Llena cada maceta con tierra para macetas.
2. Siembra 3 semillas en cada maceta.
3. Riega bien las semillas.
4. Coloca una maceta en un lugar donde le dé el sol. Coloca la otra maceta en un lugar oscuro.
5. Riégalas cuando se necesite para mantener la tierra húmeda.
6. Después de unos días, compara las plantas. ¿Se ven iguales? ¿Por qué sí o por qué no?

# Índice analítico

## Acerca de la autora

Lisa J. Amstutz es autora de más de 100 libros infantiles. A ella le gusta aprender acerca de las ciencias y compartir datos divertidos con los niños. Lisa vive en una pequeña granja con su familia, dos cabras, una parvada de gallinas y una perrita llamada Daisy.

# Actividad para después de la lectura

Ve afuera y encuentra un lugar donde le gustaría crecer a una planta. Estira tus brazos. ¿Puedes sentir el sol? Respira profundo. ¿El aire está fresco y limpio? Mira al cielo. ¿La lluvia caería sobre la planta? Si encontraste un buen lugar, ¡intenta sembrar una semilla!

**Library of Congress PCN Data**

Plantas hambrientas / Lisa J. Amstutz
(Mi biblioteca de Ciencias Biológicas)
ISBN 978-1-73165-295-9 (hard cover)(alk. paper)
ISBN 978-1-73165-265-2 (soft cover)
ISBN 978-1-73165-325-3 (e-book)
ISBN 978-1-73165-355-0 (e-pub)
Library of Congress Control Number: 2021952183

Rourke Educational Media
Printed in the United States of America
01-2412211937

© 2023 Rourke Educational Media

All rights reserved. No part of this book may be reproduced or utilized in any form or by any means, electronic or mechanical including photocopying, recording, or by any information storage and retrieval system without permission in writing from the publisher.

www.rourkebooks.com

Editado por: Laura Malay
Portada y diseño de interiores: Nicola Stratford
Traducción: Alma Patricia Ramirez
Photo Credits: Cover photo © Smileus, fly © denisik11, flytrap © Usenko Oleksandr; pages 4-5 © AVANGARD Photography; page 7 © snapgalleria; pages 8-9 © Triff; page 10 © Aldona Griskeviciene; page 13 © showcake; page 15 © BlueRingMedia; page 16-17 luck luckyfarm; page 19 © By chockdee Romkaew; page 20 © Marco Uliana, page 21 © Mps197; glossary, image of zinc © KrimKate All images from Shutterstock.com